AF139541

Jutta Ahmerkamp-Böhme

Leuchtturmwärter Pinsel

Und andere Gute-Nacht-Gedichte für Kinder

Erstveröffentlichung 2015. Alle Rechte bei der Autorin.
Copyright 2015. Printed in Germany.
Herstellung und Verlag: BoD Books on Demand, Norderstedt
ISBN 9 783738610291

Inhalt

Kinderbeine

Rechts zwei große, links zwei kleine
Aufgeregte Kinderbeine,
Wollen abends, so um acht,
Noch nichts wissen von der Nacht.
Zappeln her und zappeln hin,
Abenteuerlust im Sinn.

Niemand hält sie je im Zaum
Auf dem Weg durch Zeit und Raum.
Und da binnen von Sekunden
Auch die Schwerkraft überwunden,
Sind sie, eh' man sich versieht,
In ganz anderem Gebiet.

Augen auf, viel gibt's zu sehen,
Dort, wo sie heut' abend gehen.
Große Spuren, die zu deuten,
Sind von Tieren, nicht von Leuten.
Schnell ist beiden Forschern klar:
Hier gibt's Dinosaurier!

Und jetzt gilt es zu entdecken,
Welchen Riesen Pflanzen schmecken.
Wer kann schwimmen und wer fliegen,
Wer wird im Kampfe wen besiegen?
Und, sind Feinde zu erkennen,
Wer kann dann am schnellsten rennen?

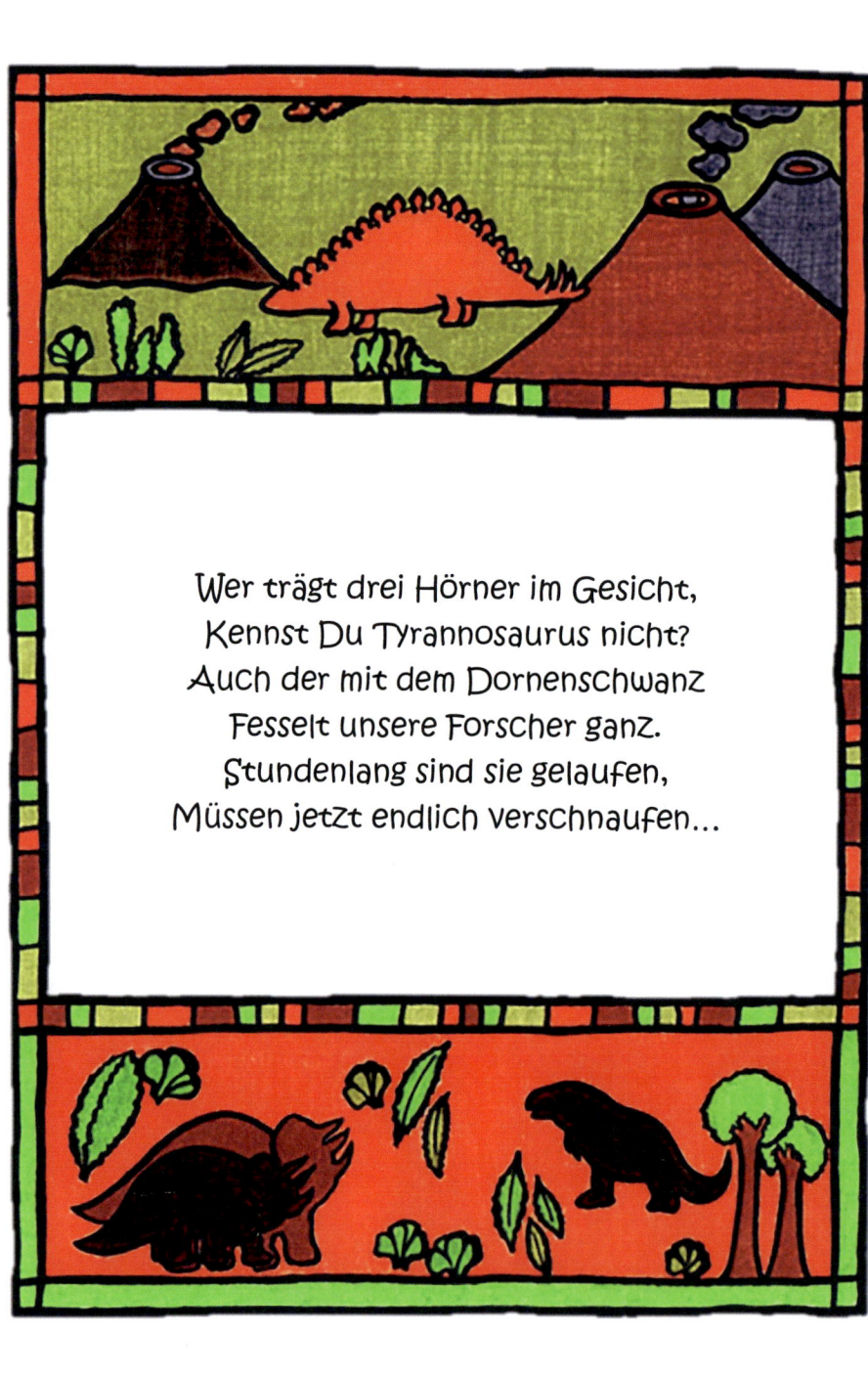

Wer trägt drei Hörner im Gesicht,
Kennst Du Tyrannosaurus nicht?
Auch der mit dem Dornenschwanz
Fesselt unsere Forscher ganz.
Stundenlang sind sie gelaufen,
Müssen jetzt endlich verschnaufen...

Und so rutschen große, kleine
Mächtig müde Kinderbeine
Unter eine warme Decke,
Kuscheln sich in ihre Ecke.
Gleiten aus vergangener Zeit
In des Traums Geborgenheit.

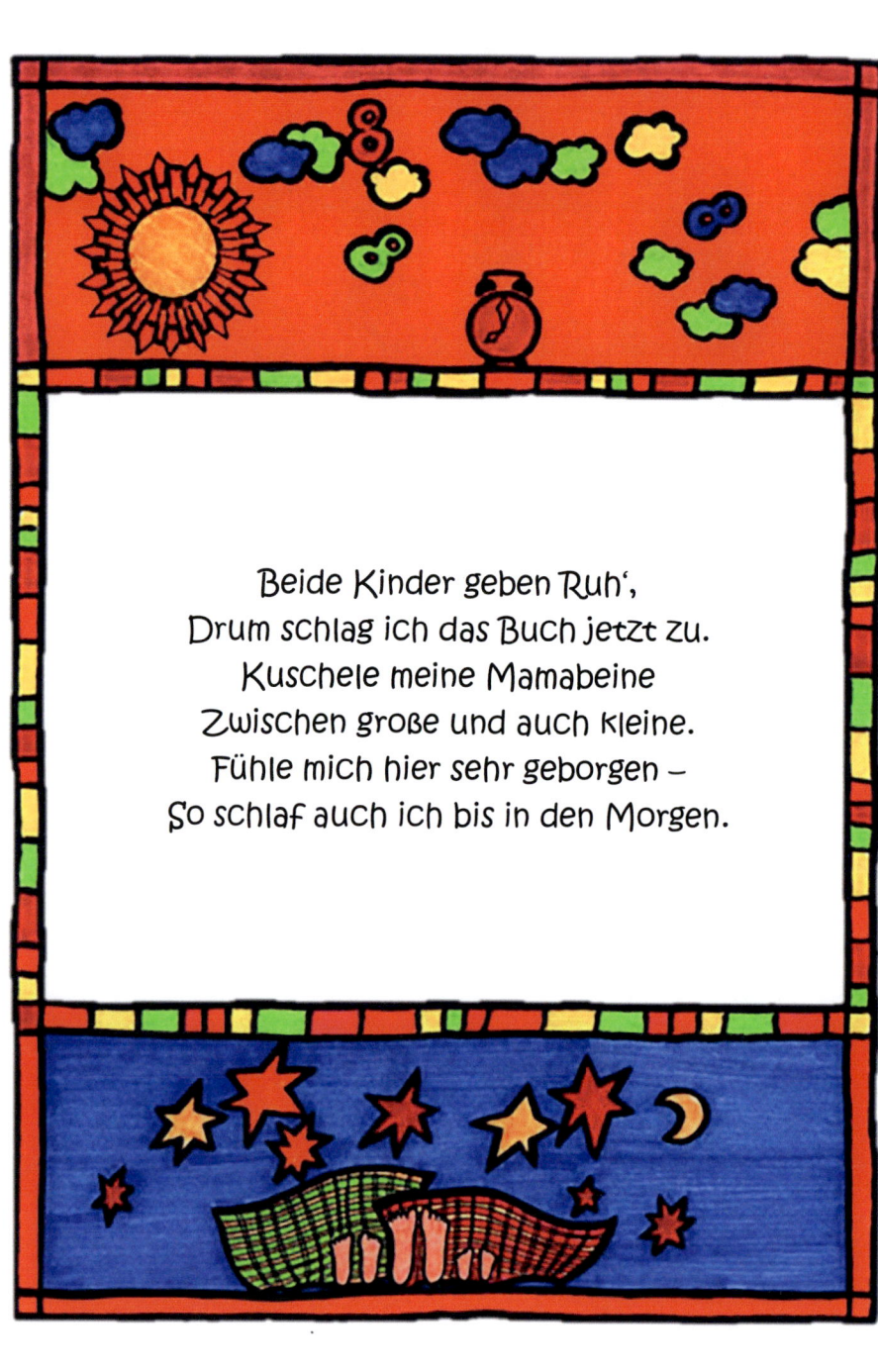

Beide Kinder geben Ruh',
Drum schlag ich das Buch jetzt zu.
Kuschele meine Mamabeine
Zwischen große und auch kleine.
Fühle mich hier sehr geborgen –
So schlaf auch ich bis in den Morgen.

Leuchtturmwärter Pinsel

Nicht weit von hier, auf einer Insel,
Wohnt der Leuchtturmwärter Pinsel.
Der Name „Pinsel" ist Programm,
Weil er sehr gut malen kann.

So sieht man ihn fast jeden Tag
Bei dem, was er so gerne mag.
Mit Künstlerhand und -leidenschaft
Malt er, was viele Farben hat.

Am Montag, noch ein wenig müde,
Malt er Streifen: pinke, grüne...
Als Höhepunkt, zu guter Letzt,
Wird etwas Lila drauf gesetzt.

Montag

Heute hat er Lust auf Schiffe,
So malt er's Meer und ein paar Riffe.
Große Dampfer, kleine Boote –
Grüne, gelbe, blaue, rote…

Dienstag

Mittwoch

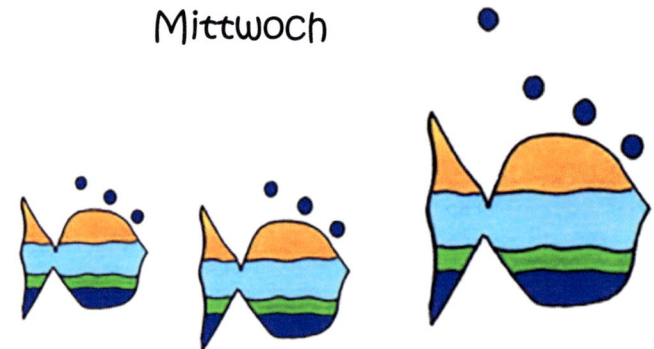

Heut' muss er nicht überlegen,
Lässt Meerestiere sich bewegen.
Ein Krake und ein bunter Hai
Schwimmen auf dem Turm herbei.

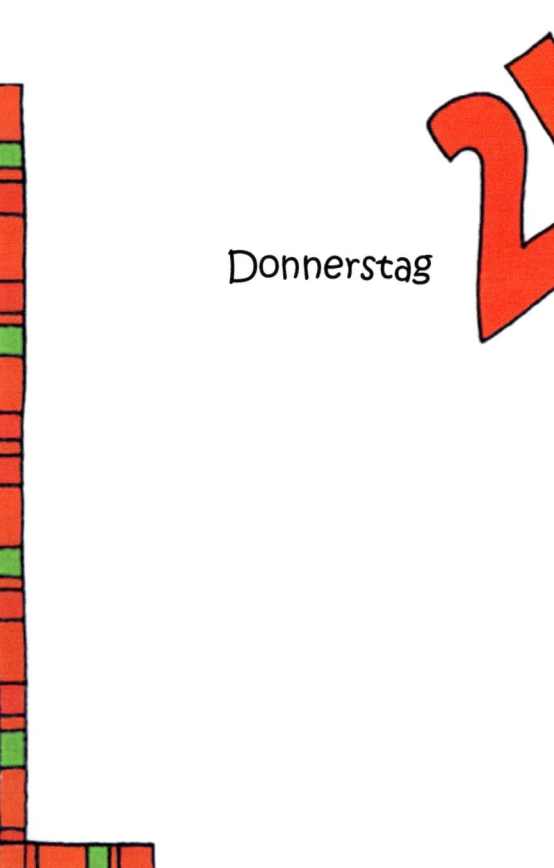

Donnerstag

21

Und weil er sehr gut rechnen kann,
Sind donnerstags die Zahlen dran.
Die 5, 6, 7, 9 und 10
Sind aus der Ferne gut zu seh'n.

Heut', kurz vor dem Wochenende,
Malen seine Künstlerhände
Eine bunte Blumenpracht,
Über der die Sonne lacht.

Freitag

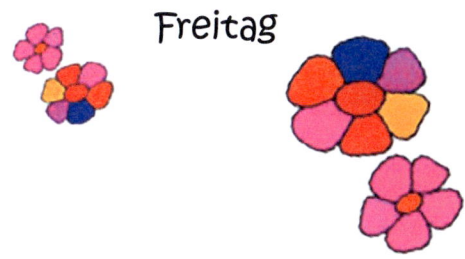

Das Wochenende, weiß Herr Pinsel,
Ist wunderschön auf seiner Insel.
Dann malt er nicht, verbringt die Zeit
Mit seiner Freundin Adelheid.

Am Leuchtturm sitzend, Hand in Hand,
Schauen sie auf Himmel, Meer und Strand.
Und ist die Insel noch so klein,
Ihr Glück könnte nicht größer sein.

Tante Trude

Heut' ist Tante-Trude-Tag,
Den Max überhaupt nicht mag.
Überpünktlich, kurz vor vier,
Steht die Dame vor der Tür.

"Junge, bist Du groß geworden!"
Tönt es gleich in seinen Ohren.
Schmatz, da sitzt der erste Kuss,
Feucht und laut und kein Genuss.

Noch einen erträgt er nicht.
Küssen, das ist fürchterlich!
So schnell Max kann läuft er jetzt fort,
An einen tantenlosen Ort.

Erst am Abend, gegen sechse,
Traut er sich ins Reich der Hexe.
Wenn die Großen nämlich essen,
Tun sie das Küssen glatt vergessen.

Noch während sie am Esstisch sitzen
Schleicht er sich auf Zehenspitzen
Hinauf ins Kinderzimmerreich.
Nimmt die Klötze, baut sogleich...

... ein Haus mit fensterlosen Mauern,
Die viele Jahre überdauern.
Dort soll Tante Trude wohnen
Und ihn mit Küssen bloß verschonen!

So viele Wünsche

Kugelrund und wunderschön
Sieht Jan den Mond am Himmel steh'n.
Nichts hält ihn jetzt im Bett zurück,
In dieser Nacht sucht er das Glück.

Tipp-tipp-tapp, die Treppe runter,
Alles schläft, nur er ist munter.
Jan will die Sterne funkeln seh'n
Und bleibt ganz still am Fenster steh'n.

So schön, so hell und doch so fern,
Er hat die Sterne schrecklich gern.
Er weiß bestimmt, sie mögen auch ihn,
Drum schickt er schnell seine Wünsche hin.

Ein cooles Rad für weite Fahrten,
Als Astronaut ein Raumschiff starten.
Ein Schwesterchen wär' auch nicht schlecht,
Ein Fußball käm' dem Bruder recht.

Die Eltern lässt er lieber aus -
Die haben schon ein großes Haus.
Ihn und den Bruder noch dazu...
Die brauchen höchstens ihre Ruh'.

Jetzt hat er lange nachgedacht,
Was ihn durchaus sehr müde macht.
Die Augen sind schon klitzeklein
Und wunschlos glücklich schläft er ein.

Ich bin ein böser ...

Man sagt, ich sei ein wildes Tier,
Drum fürchten alle sich vor mir.
Als eins der stärksten weit und breit
Genieß' ich meine Einsamkeit.

Ich...

Ich lasse meine Blicke schweifen
Und liebe es, herum zu streifen.
Ich laufe wie der Wind so schnell,
Pass' mich nicht an, bleibe Rebell.

Ich bin...

Kommt man mir dumm, zeig ich die Krallen,
Lass Widerspruch mir nicht gefallen.
Wer dennoch meint, er könnt's riskieren,
Droht Kopf und Kragen zu verlieren.

Ich bin ein ...

Und Vorsicht heißt's, bin hungrig ich,
Denn Gnade kennt ein Raubtier nicht.
Verschlungen wird mit Haut und Haar
Was eben noch lebendig war.

Ich bin ein böser ...

Ein Tier wie ich braucht kein Versteck,
Denn wer mich sieht, rennt schleunigst weg.
Schwarz-gelb gestreift – das heißt Gefahr.
Und wer ich bin? Jetzt ist's wohl klar!

Ich bin ein böser Tiger!